LE RENOUVELLEMENT

DES

TRAITÉS DE COMMERCE

PAR

M. MICHEL CHEVALIER

EXTRAIT DE LA *REVUE DES DEUX MONDES*

LIVRAISON DU 15 JUIN 1876

RÉIMPRIMÉ POUR LE *CLUB COBDEN*

PARIS

IMPRIMERIE DE J. CLAYE

A. QUANTIN, SUCCESSEUR

RUE SAINT-BENOIT

1876

LE RENOUVELLEMENT

DES

TRAITÉS DE COMMERCE

LE RENOUVELLEMENT

DES

TRAITÉS DE COMMERCE

PAR

M. MICHEL CHEVALIER

EXTRAIT DE LA *REVUE DES DEUX MONDES*

LIVRAISON DU 15 JUIN 1876

RÉIMPRIMÉ POUR LE *CLUB COBDEN*

PARIS

IMPRIMERIE DE J. CLAYE

A. QUANTIN, SUCCESSEUR

RUE SAINT-BENOIT

1876

LE RENOUVELLEMENT

DES

TRAITÉS DE COMMERCE

I.

LE PROGRAMME DES NOUVEAUX TRAITÉS DOIT ÊTRE A LA FOIS CONFORME AUX INDICATIONS DE LA RAISON ET A CELLES DE L'EXPÉRIENCE.

Les traités de commerce négociés par la France avec l'Angleterre le 23 janvier 1860 et avec beaucoup d'autres états à partir de là, de même que ceux des tierces puissances entre elles pendant la même période, arrivent maintenant à échéance les uns après les autres. On paraît être universellement d'accord pour les renouveler. La faveur dont jouit en ce moment le régime des traités n'est point un caprice comme il en vient quelquefois aux nations même les plus éclairées; elle est le fruit de la raison et du calcul. C'est que ce régime, s'il restreint pour un temps la souveraineté absolue de chacun des états contractans, offre à d'autres points de vue de très grands avantages.

Les traités de commerce en effet, tels qu'on les comprend aujourd'hui, sont des actes d'affranchissement à l'usage et au profit des hommes industrieux. A l'égard des échanges internationaux, qui occupent présentement une si grande place dans l'activité productive des peuples, et qui réagissent si puissamment sur les opérations intérieures, ils garantissent pour un intervalle de plusieurs années un degré de liberté supérieur à celui qu'on possédait antérieurement. Tout en donnant ainsi de la permanence aux conditions suivant lesquelles les nations échangent leurs productions réciproques, il s'en faut qu'ils les immobilisent; ils laissent dans une certaine mesure la porte ouverte à des améliorations successives qui multiplient le commerce, au moyen de la clause, dite *de la nation la plus favorisée,* qu'on a pris l'heureuse habitude d'y insérer. Grâce à cette clause, il suffit que deux états aient conclu un traité supplémentaire donnant, sur un point ou sur un autre, une extension nouvelle à la liberté des échanges entre les deux parties, pour que la mesure devienne applicable à tous les états avec lesquels les deux premiers avaient déjà contracté un traité de commerce. Chez les peuples tels que la France, qui sont sujets à l'épidémie des révolutions, les traités sont un préservatif contre les fantaisies réactionnaires des hommes subitement portés au pouvoir par le tourbillon. Qu'on se rappelle, par exemple, ce qui est arrivé chez nous après la révolution de 1870, pendant les années 1871 et 1872.

Si, d'après les dispositions qui se montrent à peu près partout, on a tout lieu de regarder comme à peu près infaillible le renouvellement des traités, on ne voit pas aussi clair dans une question qui se rattache par le lien le plus direct au renouvellement même, celle de savoir dans quels termes on renouvellera. Deux opinions sont en présence. L'une, franchement proclamée, est pour que les nouveaux tarifs des douanes soient plus libéraux que ceux d'aujourd'hui. On consacrerait ainsi un progrès nouveau dans la liberté des échanges internationaux ou, ce qui est la même chose dite différemment, la liberté du commerce (1). L'autre est celle des protectionistes, qui considèrent les traités de 1860 et années postérieures comme le maximum du libéralisme possible, des colonnes d'Hercule qu'il serait funeste de franchir. Dans cet ordre d'idées, on regarde comme des novateurs présomptueux, contre lesquels on ne saurait trop être en garde, les hommes qui conseillèrent le traité de 1860, origine et source des autres. Afin de faire échec au développement du principe qui prévalut alors et qui depuis a jeté des racines profondes, les chefs des protectionistes ont dressé des plans non dépourvus d'artifice. A laquelle des deux opinions donnera-t-on raison?

(1) La liberté du commerce ou liberté commerciale est la locution la plus ancienne. Beaucoup de personnes y substituent aujourd'hui celle de la « liberté des échanges internationaux », qui est plus précise. En Angleterre, plusieurs personnes disent la concurrence universelle.

En pareille matière, ce n'est pas nous qui contesterons à la théorie et au raisonnement le droit qui leur appartient en toute chose. Plus sont grandes les affaires qu'on traite, et plus il importe d'avoir des principes régulateurs à l'aide desquels on trace les grandes lignes et dont, par le secours d'une logique aussi correcte que possible, on déduit les conséquences légitimes. Royer-Collard exprimait une vérité profonde quand il disait que professer le dédain des théories, c'est se vanter de ne pas comprendre ce qu'on dit quand on parle, ni ce qu'on fait quand on agit; mais à côté des idées générales et élevées qui plaisent à l'intelligence et captivent l'esprit, il y a une autre autorité, l'expérience, qu'il faut consulter et qui juge en dernier ressort. C'est le creuset par lequel il faut que passent les propositions de la théorie, afin qu'il n'y reste que le métal précieux dégagé de tout alliage. Les questions du genre de celle qui est soulevée aujourd'hui au sujet des traités de commerce touchent à tant d'intérêts et supposent la mise en œuvre de tant de ressorts, les uns apparens, les autres cachés, qu'il n'est pas possible de les croire sûrement résolues tant qu'on n'a pas recouru à la pierre de touche de la pratique. Ainsi, tout en nous tenant pour honorés de l'étiquette de théoricien, si l'on voulait nous l'appliquer, nous ne faisons aucune difficulté de reconnaître que, pour être acceptable, la solution du problème de politique commerciale qui préoccupe en ce moment le cabinet français et les autres puissances a absolument besoin de s'appuyer sur une masse de faits scrupuleusement observés. Privé de cet appui, le système dont on se serait épris serait comme un édifice fondé sur le sable. Des événemens prochains, sinon immédiats, démontreraient qu'il n'a ni solidité, ni consistance, et il s'écroulerait à la confusion de ses partisans. Mais, si l'examen consciencieux des faits a pour résultat de recommander la liberté du commerce, qui visiblement a pour elle les principes essentiels d'une civilisation avancée et la sympathie de l'immense majorité des hommes éclairés de l'Europe, il faudra bien que tout le monde se résigne à l'application de plus en plus complète de cette liberté, sauf à ménager convenablement la transition.

Il n'est pas difficile, nous le croyons, de prouver à la fois et par le raisonnement et par l'observation des faits que les peuples composant la civilisation occidentale ou chrétienne, et l'Europe en particulier, ont un grand intérêt à se prononcer pour la liberté du commerce, non pas seulement en paroles, mais aussi en action, et à en pousser très avant l'application.

II.

LE RAISONNEMENT PRONONCE EN FAVEUR DE LA LIBERTÉ DU COMMERCE.

La politique commerciale de la liberté a pour mérite propre de développer la puissance productive de chacun. Dans un état où cette liberté est entière, la puissance productive de chacune des branches de l'industrie et de chaque établissement tend sans cesse à acquérir son maximum.

Il n'est pas superflu, avant d'aller plus loin, de préciser le sens de ce mot « la puissance productive », et il est possible de le faire presque avec une rigueur mathématique. Pour chaque branche d'industrie et pour chaque établissement, la puissance productive se mesure par la quantité d'objets d'une qualité convenue qui résulte de la moyenne du travail d'une personne dans cette branche d'industrie et dans cet établissement pendant un laps de temps déterminé, un jour, une semaine, une année. Dans une forge par exemple, on connaît approximativement le poids du fer en barres, d'un calibre déterminé et uniforme, qui s'y ferait dans le cours d'une année ; on pourrait aussi bien dire d'une semaine ou d'un jour, en admettant qu'on s'y adonnât exclusivement à cette variété. Si l'on divise ce poids par le nombre des personnes employées, on aura pour quotient la quantité de fer représentant la puissance productive du travail de l'individu dans cette usine. Si on envisage une filature de coton, l'on supposera qu'elle se consacre à la production d'un fil d'un certain numéro. La puissance productive se calculera en divisant le nombre moyen de kilogrammes de ce fil qui s'obtiendrait dans une journée, une semaine ou une année, par le nombre des personnes occupées. Au lieu d'un établissement tout entier dans lequel on pratique beaucoup d'opérations assez dissemblables les unes des autres, dont l'ensemble constitue la fabrication de l'objet auquel il est voué, rien n'empêcherait de se livrer à des calculs du même genre pour une catégorie particulière d'ouvriers, et d'en évaluer la puissance productive dans leur spécialité; de même pour un atelier qu'on séparerait des autres. La comptabilité en usage de nos jours dans les manufactures est tellement perfectionnée, tellement minutieuse, qu'elle en donnerait assurément le moyen dans la plupart des cas.

La puissance productive dont nous parlons ici n'est pas une notion idéale, une sorte de pouvoir virtuel que posséderait une société. Si à côté de l'aptitude des individus il y a les capitaux nécessaires pour les mettre en action, la puissance productive est un pouvoir effectif se manifestant positivement par des produits. Dans ces conditions, la richesse de la société est proportionnelle à la puissance productive des membres qui la composent. De deux nations placées à peu près dans les mêmes circonstances de climat et de culture intellectuelle, comme sont la plupart des états de l'Europe, si l'une a une puissance productive plus grande que l'autre, la première sera mieux pourvue de l'ensemble des choses qui répondent aux besoins de l'homme civilisé : il y aura par million d'habitans, ou, si l'on aime mieux, en moyenne par individu, une plus forte ration de denrées alimentaires, de vêtemens et de mobilier. Les hommes y pourront être, à leur volonté, mieux logés, mieux chauffés, mieux éclairés; ils auront plus de livres, plus d'objets d'art, plus de tout ce qui s'achète et se vend pour contribuer à la commodité ou à l'agrément de la vie privée et de la vie collective, à l'embellissement et au perfectionnement des conditions de l'existence. C'est l'abondance de cette grande diversité des choses utiles ou agréables, et non pas l'or et l'argent, qui constitue la richesse d'une société. A part quelques usages peu nombreux et médiocrement essentiels qui leur sont propres, l'or et l'argent ne sont que des dénominateurs communs qui servent à rendre compte du cas que les hommes font de chacun des innombrables articles dont se compose la richesse. Une nation se procure tous ces articles afin de les appliquer à son bien-être et à sa satisfaction, soit en les produisant elle-même, soit en les tirant de l'étranger, par le moyen d'un échange où elle donne ce qu'elle fait en retour de ce que font les autres. Et c'est ainsi que la puissance productive de chaque société ou nation fait une seule et même chose avec sa richesse.

La puissance productive se forme et s'augmente par la connaissance que l'homme acquiert et accroît indéfiniment des secrets de la nature, et par la dextérité croissante avec laquelle il utilise ce savoir constamment accumulé. Par la force et la pénétration de son intelligence, il connaît successivement les propriétés des différentes substances par rapport à nos besoins ainsi que les forces motrices que la nature possède ou recèle, les unes toujours manifestes, comme celle des animaux, des eaux courantes, des vents ou du feu, les autres plutôt latentes, comme la vapeur et l'électricité. En perfectionnant sans cesse proportionnellement à ses découvertes les arts qui servent à extraire, susciter ou préparer les objets qui lui sont nécessaires, l'homme exerce une puissance productive de plus en plus étendue. Dans la civilisation moderne, il augmente particulièrement cette puissance par la supériorité devenue merveilleuse avec laquelle il trouve dans son esprit les moyens de dompter, afin qu'elles travaillent pour lui, les forces naturelles de toute espèce, et de les obliger à remplir à sa place, comme des serviteurs dociles, les offices les plus divers, depuis l'effort colossal qui est réclamé dans beaucoup de cas, jusqu'à la manœuvre délicate et subtile qui convient à d'autres circonstances.

Ainsi dans l'industrie créatrice de la richesse comme dans tous les autres modes de son activité, l'homme doit sa puissance à son intelligence. Il y trouve des ressources indéfinies pour parvenir de plus en plus à l'empire du monde matériel, tandis que par sa force physique, lorsqu'il est réduit à celle-ci, et qu'il n'a d'autres instrumens que ses membres et ses muscles, il est un des animaux les plus dénués. De là une conséquence de toute gravité : de même que, d'une manière générale, le grand ressort de l'intelligence réside dans la liberté, de même pour la réussite de l'entreprise que l'homme a dû faire d'exploiter de mieux en mieux la planète, afin de subsister et de rendre son existence de moins en moins précaire et pénible, ou en d'autres termes pour le succès de l'industrie humaine, l'intelligence des individus n'atteint la fécondité dont elle est capable qu'autant qu'on lui a départi ou qu'elle a conquis le genre de liberté que comporte l'entreprise elle-même.

Cette liberté spéciale est la liberté du travail. Certes l'instruction, soit générale, soit professionnelle, la régularité de la vie chez toutes les classes dont se compose l'armée de l'industrie, l'assiduité à la besogne, l'esprit d'économie, sont d'une grande efficacité pour le progrès de l'industrie et la formation de la richesse; mais la liberté du travail en a une immense. Impossible à un peuple de développer grandement sa richesse s'il est privé de cette liberté, et plus il l'a, plus il marche vite et bien dans cette voie. C'est une liberté pour laquelle les peuples civilisés sont parfaitement mûrs aujourd'hui et qu'il faut leur reconnaître sans marchander. Un peuple à qui on la refuserait serait hors d'état d'accroître aussi vite et aussi bien que les autres sa richesse. Celle-ci n'a pas seulement pour effet de procurer aux individus la jouissance très légitime du bien-être; sous beaucoup de rapports, elle est la matière première de la puissance de l'état.

La liberté des échanges internationaux n'est pas à elle seule toute la liberté du travail. Il s'en faut de beaucoup. Celle-ci a des proportions bien plus vastes, c'est une sphère qui englobe une grande variété de franchises. Les Anglais ont à ce sujet une expression très compréhensive, le *free trade*, qui, outre la liberté des échanges internationaux, comprend le libre exercice de toutes les industries et de tout autre genre de labeur pratiqué par les simples citoyens. Le *free trade* implique, autant que possible, l'abolition des dispositions restrictives par lesquelles en d'autres temps on avait cru devoir circonscrire l'initiative individuelle et emmaillotter la liberté des professions. Le *free trade* embrasse la liberté, aussi complète qu'il se peut, des transactions, sous la responsabilité des contractans, car la liberté véritable a pour accompagnement obligé la haute garantie de la responsabilité.

Mais la liberté des échanges internationaux a ce caractère que, si on l'inaugure quelque part avec le ferme propos qu'elle ait son plein effet, il faut lui donner pour escorte l'ensemble des mesures qui sont comprises sous la dénomination générale du *free trade*. Lorsque le parlement britannique eut, en 1846, arboré le principe de la liberté des échanges, aussitôt, comme par une pente naturelle, il fut conduit à voter une quantité de lois nouvelles par lesquelles d'une part on a fondé des institutions nouvelles, et d'autre part on a aboli beaucoup de règles consignées dans des lois plus ou moins anciennes; c'étaient autant d'obstacles au libre exercice des industries, à la liberté d'un bon nombre de professions et d'une quantité de transactions. En France, de même, après qu'en 1860 on eut proclamé que la liberté des échanges internationaux devenait la base de la politique commerciale, on a senti que c'était un devoir strict de donner au travail national des facilités nouvelles, au nombre desquelles on peut citer la création de chemins de fer nouveaux, le rachat des canaux grevés de lourds péages, l'amélioration d'une partie des ports, l'ouverture d'écoles nouvelles, l'abolition de certains monopoles, tels que celui des courtiers, une latitude beaucoup plus grande accordée à l'esprit d'association, et la réforme de plusieurs lois réglementaires relatives à d'autres sujets.

La liberté des échanges internationaux, tout en n'étant en quelque sorte qu'un cas particulier de la liberté du travail, exerce parfois sur cette liberté même une réaction fort opportune à signaler. Le travail ne serait pas libre chez une nation où la douane frapperait de droits les matières premières de l'industrie à l'état brut, telles que sont la laine en masse, le coton en laine, le chanvre ou le lin à l'état naturel ou teillés, et aussi cette autre catégorie d'articles qu'on qualifie, non sans de bonnes raisons, de matières premières, quoiqu'ils aient déjà subi des opérations manufacturières : tels sont les fontes, les fers en barres ou en feuilles et les aciers sous toutes formes, tels encore les filés de coton. L'obstacle que les droits de douane opposeraient à la libre importation de ces différens objets et l'élévation du prix que ces droits auraient pour effet de déterminer, restreindraient très fâcheusement la liberté du travail.

L'instrument par lequel la liberté des échanges internationaux agit sur la puissance productive de la société pour la développer est l'aiguillon de la concurrence étrangère. Elle place ainsi les chefs d'industrie dans l'obligation de ne rien épargner pour s'assimiler les progrès accomplis par les étrangers. Dès que la liberté des échanges internationaux approche de la plénitude, il faut bien qu'ils marchent. S'ils voulaient se faire retardataires, ils en porteraient la peine. Les manufacturiers et les agriculteurs sont contraints à avoir constamment les yeux fixés sur leurs émules de l'extérieur, afin de ne pas s'en laisser dépasser. L'apathie et l'inertie sont interdites. Il faut qu'on soit constamment au niveau des producteurs qui travaillent en dehors des frontières. La crainte qu'on en a est la sauvegarde de l'intérêt public, la suprême garantie du consommateur qui est tout le monde.

Ce n'est pas que la concurrence intérieure n'ait son mérite et son efficacité. Il est des circonstances où elle est pressante, acérée; mais il ne manque pas de circonstances aussi où son aiguillon émoussé n'a plus la vertu de stimuler suffisamment le producteur qui s'attarde. C'est particulièrement le cas dans les industries qui exigent un gros capital. On peut citer entre autres, à ce titre, les forges et les filatures de coton. Pour établir une grande forge à la moderne, il faut des millions, et une filature digne d'être comptée coûte dix fois autant qu'une bonne fabrique d'impressions. La faculté de réunir un capital considérable est souvent hors de la portée d'hommes même bien doués et bien famés. Alors la production, qui nominalement est accessible à tous, appartient en réalité, comme un privilége et un monopole, à quelques-uns. Ceux-ci en abusent, parce que la nature humaine est ainsi faite chez la plupart de nous que, lorsqu'on peut, à l'abri du tarif des douanes, réaliser de notables profits sans se donner l'ennui et la charge d'un renouvellement de matériel, ou sans prendre de la peine, on profite de l'occasion. On en eut un curieux exemple pendant les années qui précédèrent le traité de commerce avec l'Angleterre. L'homme éminent qui était et est encore à la tête de la maison Dollfus, Mieg et Cᵉ, de Mulhouse, M. Jean Dollfus avait dans ses ateliers des métiers à filer le coton qui dataient de 1808. Il les fit démonter et jeter sous un hangar comme de la ferraille, et les remplaça par des métiers automoteurs dont il attendait, non sans raison, une forte économie. Quel ne fut pas son étonnement de recevoir peu après la visite de filateurs qui lui proposèrent d'acheter ceux qu'il venait de rebuter. — Et pourquoi faire? leur dit-il. — Pour les remonter chez nous. — Mais vous savez bien que je les ai répudiés et que j'y ai substitué des métiers nouveaux très perfectionnés dont j'ai toute satisfaction. — C'est notre affaire; voulez-vous ou non nous les céder? — Le marché fut conclu, et les métiers, remis sur pied, recommencèrent à travailler. C'est qu'alors les numéros de fils auxquels ces métiers étaient propres étant protégés par la prohibition, la concurrence du dehors n'atteignait pas les filatures qui employaient de telles antiquailles, et la concurrence intérieure étant fort amollie par l'insuffisance des filatures dans le pays, il était possible, quelque mauvais qu'en fût le fonctionnement, d'en retirer des bénéfices.

On peut donc tenir pour certain qu'avec la liberté des échanges et les mesures complémentaires qu'elle a provoquées partout, un pays atteint son maximum de puissance productive, et qu'il est impossible qu'il l'atteigne autrement. Si en même temps ce pays est économe et rangé, et s'il ne laisse pas son gouvernement maître de dissiper dans des guerres insensées ou dans d'autres entreprises téméraires les capitaux amassés par les particuliers, il est infaillible qu'il s'élève rapidement à un haut degré de richesse, ce qui, on ne saurait trop le répéter, est à beaucoup d'égards synonyme d'un haut degré de puissance pour l'état.

En même temps que la liberté du travail en général et la liberté des échanges internationaux en particulier sont des causes déterminantes de l'agrandissement de la puissance productive de la société, elles ont une action directe sur le bien-être du grand nombre pour l'accroître. On peut s'en rendre compte de deux manières. La liberté des échanges internationaux et la liberté générale du travail, qui marche parallèlement, par cela même qu'elles multiplient considérablement la production, provoquent une demande nouvelle de bras, ce qui autorise l'ouvrier à réclamer de plus forts salaires. D'un autre côté, la production étant fort augmentée, il y a beaucoup plus de produits, c'est-à-dire de richesse ou d'élémens de bien-être à distribuer parmi les populations. Donc, pourvu que la loi donne à chacun la faculté de défendre ses intérêts, la part est accrue pour tous, pour l'ouvrier comme pour le capitaliste. C'est bien à tort que quelques personnes ont cherché à persuader aux classes ouvrières que la liberté du commerce était contraire à leurs intérêts. La vérité se trouve dans l'assertion diamétralement opposée.

III.

L'EXPÉRIENCE PRONONCE DE MÊME EN FAVEUR DE LA LIBERTÉ DU COMMERCE. — EXEMPLE DE L'ANGLETERRE.

Mais nous avons hâte de passer à l'exposé des argumens de fait, sachant que le public en cette matière attache le plus grand prix aux enseignemens de l'expérience et veut de préférence la prendre pour guide. Sous ce rapport, il y a un champ d'observations et de recherches qui, par son étendue, sa diversité et ses rapports directs avec les intérêts présens et à venir des états signataires des traités, se présente naturellement comme devant fournir les observations les plus concluantes. C'est l'histoire commerciale des principaux états de l'Europe à partir de l'époque où, la paix ayant succédé aux guerres de la révolution française et du premier empire, un commerce régulier et suivi fut possible entre les uns et les autres. Peu après le retour de la paix générale, les gouvernemens se mirent en quête de la meilleure politique commerciale pour les peuples qui occupent cette importante partie du monde, afin de rendre plus profitables à chacun les relations amicales qui venaient de se renouer. C'est une période qui a duré soixante ans environ, et pendant laquelle les deux systèmes de politique commerciale en rivalité, le protectionisme et la liberté, ont prévalu l'un après l'autre. Elle fournit ainsi une excellente base d'opérations à ceux qui veulent faire jaillir des faits mêmes l'indication de ce qu'il convient de pratiquer présentement.

Pendant ces soixante années, les vingt premières en Angleterre et un plus long laps de temps sur le continent furent marqués, chose surprenante, par une grande faveur accordée ou maintenue aux idées protectionistes. On s'était fait la guerre, l'épée au poing, pendant vingt-cinq ans, on la continua par les tarifs, quoiqu'on eût proclamé la sainte-alliance. En Angleterre èt en France, où il existait des assemblées délibérantes, des intérèts nés pendant la guerre et de la guerre, et des habitudes contractées par l'effet même de la lutte, poussaient les gouvernemens à cette sorte de continuation des hostilités, par l'intermédiaire de ces assemblées en cela fort exigeantes. L'exemple de ces deux états justement renommés entraînait à peu près tous les autres.

On n'eut pas à s'applaudir de ces allures rétrogrades; elles provoquèrent même quelques remarquables protestations. En 1820, beaucoup de grandes maisons de la Cité de Londres signèrent en faveur de la liberté du commerce une pétition admirablement rédigée par Thomas Tooke. Lord Liverpool lui-même, le chef du cabinet, déclara dans la chambre des lords que la pétition avait son assentiment personnel ; mais l'affaire se borna alors à une démonstration platonique. En France, quelques hommes d'état eurent de même des aspirations libérales qu'ils ne dissimulèrent pas aux chambres, mais la tentative fut comprimée aussitôt par les intérêts protectionistes, tout-puissans dans ces grands corps. En 1824, la saine doctrine remporta en Angleterre un petit avantage. Le ministre du commerce Huskisson obtint, à grand'peine, la levée de la prohibition qui protégeait les soieries de l'Angleterre contre celles de la France. Il la remplaça par un droit qu'il fut forcé de mettre à 30 pour 100; c'était fort exagéré. Néanmoins l'effet du changement fut considérable. Huskisson l'a formulé ainsi : « Après cette mesure, l'industrie des soieries a fait en quelques mois plus

de progrès que dans un demi-siècle auparavant. » Cet exemple
n'exerça cependant pas assez d'influence sur le parlement pour qu'il
se laissât aller à un ensemble de réformes significatives. On ne fut
pas sans apporter au régime financier du pays des modifications
avantageuses au travail et particulièrement aux classes populaires :
on abolit l'impôt du sel, on fit la grande réforme postale suivant le
plan de M. Rowland Hill. On révisa d'une manière heureuse et libérale le régime des banques. On vota même au sujet des céréales
la loi de 1828, qui restreignait l'élévation factice des prix; mais
l'esprit protectioniste empêchait de toucher sérieusement au tarif
des douanes. Le mouvement législatif, favorable à la liberté du
commerce, ne reprit qu'à l'ouverture de la session du parlement
en 1842, sous l'action de Robert Peel, qui était rentré aux affaires
en novembre 1841, après en être resté éloigné pendant neuf ans, et
dès lors il eut le caractère de vigueur réfléchie qui est propre à la
nation anglaise.

A ce moment, voici quels étaient les traits principaux du tableau
que l'Angleterre offrait à un spectateur intelligent : le pays était en
détresse. On y observait un frémissement politique et social dont
un gouvernement prévoyant avait lieu de s'inquiéter. L'industrie
était languissante. Les classes ouvrières, mécontentes de ce que le
travail était devenu précaire, étaient irritées d'être sacrifiées à la
propriété territoriale, en faveur de laquelle on perpétuait une législa-
lation dont la pensée avouée était de rendre les subsistances chères
en les raréfiant par l'exclusion de celles de provenance étrangère.
Les grands manufacturiers, entravés dans leurs opérations d'exportation par les droits prohibitifs qu'ils rencontraient chez les autres
peuples, en représailles souvent des droits excessifs qui excluaient
le blé et le bétail étrangers du territoire britannique, ne réclamaient
pas moins que les ouvriers contre les priviléges que s'était fait at-
tribuer la grande propriété. On se rappelle que le principe de la loi
sur l'importation des céréales, votée en 1815, avait été de maintenir au-dessus de 34 francs, prix de famine, l'hectolitre de blé à
l'intérieur du Royaume-Uni. Au-dessous de ce prix, le blé étranger
était frappé de prohibition. Cette rigueur extrême avait été tempérée
en 1822 et 1828; mais l'esprit de la législation douanière était toujours d'enchérir notablement cette denrée, base de l'alimentation publique. Quant au bétail, il était prohibé. L'irritation était telle parmi
les classes lésées que les prérogatives constitutionnelles de la pairie,

regardée comme le boulevard de ces monopoles, étaient menacées.
La situation financière de l'état était troublée à ce point, que le
chancelier de l'échiquier (ministre des finances) faisait de vains efforts pour avoir un budget où la recette balançât la dépense, quelque
réduite que fût celle-ci. Pendant la session qui précéda son retour
au ministère, le grave Robert Peel avait pu railler le chancelier de
l'échiquier whig, aux applaudissemens du parlement, en le com-
parant à un pêcheur aux abois qui jetait sa ligne autour de lui,
dans tous les sens, sans pouvoir prendre à son hameçon un budget
en équilibre.

Robert Peel, redevenu premier ministre, eut le mérite de comprendre aussitôt que la cause profonde du mal dont l'Angleterre
était affectée consistait dans la stagnation du travail, compliquée
de la cherté artificielle des subsistances. Il vit aussi que l'opinion
publique était préparée à un grand changement, grâce à l'activité
persévérante, à l'énergie et au talent des hommes généreux, naguère obscurs, qui avaient formé la célèbre ligue de Manchester
pour l'abolition des lois restrictives sur l'importation des céréales.
Les réunions publiques où les orateurs de la ligue s'étaient fait entendre, dans les principales villes de l'Angleterre, avaient fortement impressionné les classes éclairées, ainsi que les masses populaires. Quoique le nom qu'elle avait pris parût restreindre son objet
à la réforme des lois sur les grains, en fait c'était la liberté générale du commerce qu'elle réclamait; et les manufacturiers eux-
mêmes, patriotiquement inspirés, faisaient cause commune avec
elle et lui apportaient leurs souscriptions.

Chef et représentant au pouvoir du parti tory, dont un des
dogmes était de favoriser la propriété territoriale, et de s'opposer
d'une manière générale à toute réforme fortement accentuée, Robert Peel, en redevenant premier ministre, pensa que le moment
n'était pas venu pour lui de s'associer ostensiblement aux chefs de
la ligue, Richard Cobden et John Bright; mais tout porte à croire que
déjà il était convaincu que ces grands citoyens étaient dans le vrai
et combattaient pour la bonne cause. La preuve en est dans ses actes
mêmes. Immédiatement il se mit à renverser ou à abaisser les obstacles que le régime protectioniste suscitait à la prospérité du pays.

Parmi ces obstacles, les uns, en entravant les libres opérations
du commerce et dans certains cas l'exportation même, restreignaient
le travail et déprimaient la main-d'œuvre, tandis que les autres, en

2

empêchant l'importation dans le pays des principales denrées alimentaires, raréfiaient et enchérissaient les subsistances. Il s'appliqua donc à donner au travail et au commerce des facilités nouvelles en adoucissant et même en supprimant les droits de douanes sur les matières premières et sur un grand nombre de produits manufacturés, et fit voter des mesures propres à abaisser le prix des denrées alimentaires. C'est ainsi qu'il adoucit la législation douanière concernant les céréales, et qu'il abolit la prohibition sur le bétail en la remplaçant par des droits modérés. Il poursuivit résolûment son entreprise jusqu'à la session de 1846, qui s'ouvrit en février, et à ce moment, couronnant son œuvre, il proposa la suppression, après une transition de trois ans, des droits de douanes sur les céréales, avec un ensemble de dispositions qui diminuaient dans une forte proportion, quand elles ne les supprimaient pas, les droits de douane en vigueur pour un grand nombre d'articles manufacturés. Le grand événement fut qu'il rompit ouvertement avec les traditions protectionistes de son propre parti et se déclara converti au principe de la liberté du commerce. Il eut le bonheur de voir son programme tout entier adopté par le parlement. Immédiatement après cette insigne victoire, il quitta le pouvoir à la suite d'un vote que, par esprit de vengeance, ses anciens amis, tenaces dans leurs idées protectionistes, avaient machiné contre lui dans la chambre des communes; mais l'affranchissement de l'industrie et du commerce était assuré. Le principe d'une politique commerciale nouvelle était proclamé, le tarif des douanes était transformé, et le soin de poursuivre cette œuvre salutaire et grande devait être confié à des continuateurs dignes de lui, qui l'ont poussée jusqu'au bout avec une fidélité et une vigueur que l'histoire n'oubliera pas de signaler à la postérité.

Disons maintenant ce qu'a été le pays au terme de cette grande entreprise. La comparaison avec la situation au point de départ est éminemment instructive. Depuis que la réforme est terminée, et même déjà quand elle était à moitié faite, on a pu constater en Angleterre une prospérité dont les classes ouvrières ont leur bonne part. Le pain et la viande, dont l'abondance et le bon marché leur importent tant, sont complétement affranchis de droits. Même un droit de balance, qu'on percevait sur les céréales après la réforme, a été aboli. Au lieu d'un tarif des douanes compliqué et hérissé de taxes élevées et de formalités gênantes, il y en a un autre où tout

droit protecteur a disparu et où il ne reste plus que six ou sept
droits fiscaux qui atteignent des denrées exotiques, telles que le
thé, le café, le cacao, un ou deux fruits sucrés que le pays ne récolte pas, le tabac, dont la culture est interdite, le vin, à la production duquel se refuse le climat de l'Angleterre, et les boissons
alcooliques, considérées comme une matière imposable par excel-
lence, sur laquelle on frappe également, qu'elle soit indigène ou
étrangère. Le nombre des articles ainsi taxés est restreint à ce
point, que le tarif des douanes tient facilement sur un carré de
papier grand comme la paume de la main. Le sucre même n'y figure
plus. Un des derniers actes du cabinet Gladstone a été de traiter
comme une denrée alimentaire de première nécessité, et en conséquence d'affranchir d'impôt ce produit, regardé naguère comme un
objet de luxe, et qui à ce titre subissait une grosse contribution.

Les droits et à plus forte raison les prohibitions sur l'exportation
ont disparu; il en existait entre autres sur le charbon et sur les
machines. En interdisant la sortie de celles-ci, on s'était proposé
d'enrayer le progrès des manufactures étrangères.

Le budget britannique ne connaît plus de déficit; on n'y voit
guère plus que des excédans qui servent à amortir la dette publique ou à motiver des dégrèvemens nouveaux. Presque chaque
année, à partir de 1842, quelques-unes des taxes ont été di-
minuées ou supprimées. Par les facilités nouvelles que recevait
le travail national, et parmi lesquelles il faut compter ces allé-
gemens, la richesse de la société grandissait assez pour que le
budget des recettes n'y perdît rien. La suppression de quelques
détaxes dont jouissaient quelques parties du territoire a pu y contribuer; quelques taxes nouvelles, légitimées par la nature des
choses, et spécialement l'impôt sur le revenu, y ont aidé aussi,
mais le relèvement remarquable et constant des recettes après que
des réductions avaient été opérées dans les tarifs de la taxation, ou
après l'abolition complète de divers impôts, provient avant tout de
ce que le travail national, plus libre et plus fortement stimulé par
la concurrence étrangère, a produit toujours davantage, et le niveau de la richesse de la société a monté à mesure que grandissait
la puissance productive. Quand les contribuables sont plus riches,
ils paient davantage au fisc, le taux des impôts restant le même,
parce qu'ils consomment une plus forte quantité des articles im-
posés, et qu'ils multiplient les transactions sur lesquelles l'état

prélève, par le timbre et l'enregistrement par exemple, des droits plus ou moins élevés. Dans le délai compris entre le commencement de 1842 et la fin de 1874, les relevés consignés dans le *Statistical Abstract* montrent que les réductions ou suppressions d'impôts font 1,189 millions de francs, les augmentations ou créations d'impôts 284 millions; la balance du côté des réductions et suppressions est donc de 905 millions, et pourtant le revenu public, au lieu de baisser, s'est élevé.

Une des facilités nouvelles dont a été doté en Angleterre le travail national consiste dans la réforme radicale des lois auxquelles était soumise depuis Cromwell la navigation maritime. Dans le dessein de développer la marine marchande et d'obtenir ainsi le moyen de lever des matelots pour la marine militaire, Cromwell avait fait l'acte de navigation qui tendait à assurer par monopole au pavillon anglais tous les transports du commerce entre les îles britanniques et le reste du monde. Un grand nombre de lois étaient venues s'ajouter à l'acte de navigation pour l'expliquer et le modifier; mais le même esprit dominait toujours. L'acte de navigation passait pour le palladium de l'Angleterre, la garantie de son indépendance. Adam Smith lui-même avait courbé le genou devant l'idole. Les partisans de la liberté du commerce l'ont attaqué au commencement de 1847, et après deux ans de lutte ils l'ont démoli. Le pavillon anglais n'a plus aucun privilége, pas même celui du cabotage ou du commerce des colonies. Tous les pavillons étrangers sont admis à lui faire concurrence sur le pied d'une égalité, au grand avantage du commerce. Cette réforme hardie, au lieu de nuire, comme on l'avait prédit, à la marine marchande de l'Angleterre, lui a rendu un immense service. Elle en fait la première du monde, la plus nombreuse et la plus prospère.

Par un effet éminemment heureux de ces réformes, la confiance mutuelle est entière entre les peuples et les pouvoirs de l'état. La reine est plus entourée de respect et d'affection que ne l'a été aucun de ses prédécesseurs. La sympathie, compromise naguère, entre le pauvre et le riche, s'est raffermie, parce que les populations peu aisées ont pu reconnaître, au langage et aux actes du législateur, que le système des préférences et des priviléges accordés auparavant aux classes dirigeantes de la société était loyalement abandonné avec l'assentiment de ces classes elles-mêmes. L'abolition complète du système de redevances, directes ou indirectes, au profit des uns et au détriment des autres, tel qu'il était tant qu'il restait des dispositions protectionistes dans les lois, a fait une profonde impression sur les populations ouvrières. Elles ont répudié toute pensée révolutionnaire et se montrent profondément attachées à l'ordre social et politique établi. Un ensemble de mesures favorables à l'avancement du grand nombre et à l'amélioration de son sort, telles que la surveillance exercée sur les ateliers au point de vue de l'hygiène, les précautions imposées pour la sûreté des ouvriers dans des industries dangereuses, telles que celle des mines, la libéralité avec laquelle on répand l'instruction, a contribué pour une bonne part à cette conciliation des classes pauvres. On doit reconnaître aussi que les concessions extrêmement étendues faites par le parlement aux ouvriers pour l'organisation de la défense de leurs prétentions légitimes et même de celles dont la légitimité serait douteuse, n'y a pas été étrangère. Ces gages de sympathie et de confiance du parlement concernent surtout les associations ouvrières appelées *trades' unions*. On se rappelle qu'à la suite d'actes criminels, parmi lesquels il y avait des assassinats, que ces associations avaient provoqués et payés, on s'en était fort effrayé. Les tribunaux les avaient traitées avec sévérité et rigueur, au point d'en nier l'existence légale, et beaucoup de bons esprits n'ont pas cessé d'en redouter l'influence. Après avoir tenté de les comprimer, on a adopté la règle, diamétralement opposée, de leur laisser la plus grande latitude, non-seulement dans la faculté de se former, d'exister, de se manifester et de tenir des réunions publiques et privées, mais aussi dans leurs grèves et autres agissemens, ainsi que dans la destination à donner à leurs fonds, fût-elle de favoriser les grèves les unes des autres. On leur a accordé en un mot l'application du principe du *free trade*, ou liberté générale des transactions, comme si tout ce qu'elles font était ou pouvait être conforme à l'intérêt général de la société. La seule chose qui leur soit interdite est la violence matérielle. Jusqu'à présent, on ne paraît pas avoir eu à regretter de leur avoir accordé une dose aussi inusitée de liberté.

IV.

HEUREUX RÉSULTATS DE L'EXPÉRIENCE SUR LE CONTINENT. — LA FRANCE.

Dès les premières années, la réforme commerciale tentée par le gouvernement anglais avait, par ses proportions et par ses résultats, frappé l'Europe, que cette expérience, alors jugée fort délicate, rendait très attentive. La solennité des débats du parlement, pendant la session de 1846, et la reconnaissance hautement affirmée du principe de la liberté du commerce qui en sortit, émurent les hommes d'état de tous les pays. De ce moment, on était fondé à penser que le principe est un des plus féconds, qu'appliqué successivement, avec une intelligente modération, ce qui n'exclut pas la persévérance et la marche en avant dans les desseins, il donne un redoublement de puissance productive au travail de tous et de chacun, une vive impulsion à la richesse de la société et à la diffusion du bien-être parmi toutes les classes. A ces avantages matériels on pouvait voir déjà qu'il s'en ajoute d'autres qui sont précieux, et particulièrement l'apaisement des passions qui tendraient à diviser la société en deux camps ennemis, celui des ouvriers et celui des capitalistes, celui des riches et celui des pauvres. Or il était visible, pour ceux qui prenaient la peine d'observer, que ces passions couvaient sur le continent européen, autant sinon plus qu'en Angleterre.

Occupons-nous de la France, puisque c'est notre patrie et que tout ce qui la concerne nous est doublement cher. Constatons dans quelles circonstances et à quels momens la réforme commerciale s'y est accomplie et quels résultats elle y a donnés. Le changement de la vieille politique commerciale a commencé chez nous très tardivement. Lorsque le second empire se constitua, le régime des douanes encore en vigueur avait pour formule la loi célèbre du 10 brumaire an v, en vertu de laquelle, à l'égard des dix-neuf vingtièmes ou des quatre-vingt-dix-neuf centièmes des produits manufacturés, il y avait une règle uniforme très nette et très concise, mais aussi très brutale, la prohibition, qui est l'exclusion absolue. Pour rendre celle-ci effective, des lois servant de commentaire au tarif lui donnaient pour auxiliaires la confiscation préventive, la dénonciation soldée, les visites domiciliaires, et ce qui est plus fort, les « visites à corps », véritable insulte à la morale publique et à la pudeur.

Ce luxe de prohibitions et de corollaires vexatoires était un legs des gouvernemens qui s'étaient succédé de 1792 à 1814. Ils l'avaient adopté à titre de machine de guerre spécialement à l'adresse de l'Angleterre, mais en l'appliquant aux marchandises de toute provenance parce qu'elles auraient pu être anglaises. Le gouvernement de la restauration, malgré l'avis timidement exprimé de quelques-uns de ses conseillers, avait accepté cet héritage d'arbitraire et de violence comme une chose allant de soi, se conciliant à merveille avec la paix rendue au monde et avec la liberté qu'on se vantait d'avoir apportée en dot à la nation. La seule atténuation qu'il apporta aux rigueurs du tarif de l'empire fut d'abaisser fortement les droits prodigieux dont l'empereur avait frappé les denrées dites coloniales, le sucre, le café, le thé et quelques substances tinctoriales venant des régions intertropicales, ainsi que le coton brut. Il se flattait d'en déshabituer l'Europe continentale en y trouvant des substituts. A part ce changement prescrit par les circonstances, le tarif des douanes de la restauration contenait toutes les prohibitions de l'époque de guerre; il y en joignit même quelques-unes de nouvelles.

Mais on fit au tarif des douanes de la république et de l'empire d'autres additions bien plus coupables, que telle ou telle prohibition de détail. Le pays était ruiné par la guerre et l'invasion. Pour combler ses maux, il avait eu en 1817 la disette, causée par la misérable récolte de 1816. Dans quelques provinces, l'hectolitre de blé était monté à 65, 70, 73 francs, et les paysans avaient été réduits à manger de l'herbe, ainsi que M. d'Argenson, membre de la chambre des députés, l'affirma et le prouva à la tribune dans le langage d'un patriotisme indigné. Mais on considéra ces faits si douloureux comme des incidens sans conséquence. Les têtes politiques de l'époque étaient pleines d'une idée fixe qu'on érigeait en institution politique : c'était de créer de toutes pièces une aristocratie territoriale formée des grands propriétaires, bien dotée, aux dépens du public, par les hauts prix que l'exclusion des produits étrangers lui ferait tirer de ses bois et de ses denrées et autres récoltes, blés, bestiaux, vins, huiles et graines oléagineuses, laines, chanvre, garance, etc. On se flattait de susciter ainsi en France le pendant de l'aristocratie anglaise, à laquelle avaient été conférés, par le moyen des droits de douane, des avantages semblables, et qui en retour produisait des hommes d'état et servait de boulevard au trône.

Un des premiers soins de la chambre des députés, aussitôt qu'on se fut quelque peu organisé et immédiatement à la sortie des cruelles souffrances éprouvées par la population affamée en 1817, fut, qui le croirait? d'organiser la cherté permanente des blés par le moyen, imité des Anglais, qui consistait à frapper d'un droit les grains étrangers. On se réservait d'élever ce droit plus tard, si l'on n'avait pas réussi du premier coup dans ce triste dessein; et en effet on n'y manqua pas en 1821.

Du blé, on passa aux autres denrées alimentaires usuelles, que la première république et l'empire avaient toujours ménagées au point de les affranchir de droits ; puis on s'attaqua à toutes les matières premières fournies par l'agriculture, surtout à la laine. A l'égard des fers, on n'avait pas attendu jusque-là pour en faire monter le prix dans l'intérêt des propriétaires de forêts. Dès 1814, le droit de douane sur la sorte la moins taxée des fers en barres fut, de 44 francs, porté à 165 francs par tonne (1,000 kilogr.), et la camarilla, car dans ce cas particulier ce fut du cabinet du roi que partirent les ordres, se donna le malin plaisir d'imposer au ministre des finances, le baron Louis, qui était libre-échangiste, la désobligeante commission d'apporter le projet de loi aux chambres et d'en soutenir la discussion. L'infortuné ministre, honteux du métier qu'il faisait, crut se tirer d'embarras en promettant qu'à une des prochaines sessions le droit serait réduit. Vaine promesse! Dans les sessions suivantes, le droit fut augmenté jusqu'à ce qu'il atteignît, pour les fers à la houille, une élévation scandaleuse, 275 francs par tonne.

Cette politique restrictive du travail et inhumaine est une des énormités commises sous la restauration. La justice nous oblige à ajouter que, excepté dans le cas spécial des fers en 1814, la principale responsabilité de cette lourde faute n'incombe pas au gouvernement d'alors. Il eut le tort de laisser faire ; mais l'initiative vint des grands propriétaires fonciers, nombreux dans les deux chambres, y ayant la haute main, auxquels il ne crut pas devoir résister. Presque sans distinction d'ultras et de libéraux, ils furent pour la raréfaction et la cherté de tous les alimens et autres produits agricoles, ainsi que des fers, matière indispensable à toutes les industries. Les grands manufacturiers firent bientôt cause commune avec eux. Benjamin Constant vengea l'intérêt public par un trait spirituel qu'il lança du haut de la tribune. Il appela ce qui se passait « l'enthousiasme de l'enchérissement ». La révolution de 1830 se chargea de montrer si le rempart dont on s'était flatté d'avoir ainsi entouré la royauté avait quelque puissance pour la sauver.

Le régime commercial établi sous la restauration se perpétua jusqu'au second empire. Sous la royauté de 1830, quoique le roi fût personnellement pour la liberté du commerce, le joug des protectionistes fut aussi pesant qu'auparavant. A deux reprises, en 1836 et en 1847, on eut quelque velléité de réforme au sujet des articles manufacturés; mais c'étaient des coups portés d'une main débile et vacillante. Par la révision de 1836 ou tentative prétendue telle, on raya quatre ou cinq prohibitions indifférentes sur la myriade qui était inscrite au tarif, et si l'on toucha au droit sur les fers, ce fut pour le réduire à 206 francs par tonne, ce qui le laissait prohibitif. La démonstration de 1847 consista dans un projet de loi, digne pendant de l'insignifiante loi de 1836. On l'avait annoncé comme une imitation de la réforme anglaise; ce n'en était que la caricature. Du reste, ce stérile projet n'aboutit pas : la déplorable révolution de 1848, qui renversa le trône, balaya toutes les lois en instance. A côté des progrès minuscules réalisés en 1836 ou promis en 1847, on doit mettre à la charge des chambres d'alors plusieurs aggravations des dispositions du tarif relatives aux céréales et à d'autres productions agricoles. Dès 1832, on soumit l'importation des blés au système dit de l'échelle mobile, qui fait varier les droits en raison inverse des prix, système qui miroite assez agréablement à l'œil, mais qui dans la pratique s'est toujours montré défectueux. Dans les momens de grande cherté, il a, l'expérience l'a trop prouvé, une influence funeste. En 1845, la chambre des députés fit, au sujet des graines oléagineuses, une loi qui en soumettait l'importation à de nouvelles et excessives rigueurs. La chambre des pairs offrit au gouvernement, à qui cette loi acerbe avait été imposée, d'en adoucir l'âpreté. Le ministère n'accueillit pas cette proposition, qui cependant lui donnait l'occasion de sauver sa propre dignité, fortement compromise par le débordement de sa faiblesse.

De la révolution de 1848 sortit, après un petit nombre d'années d'agitation, le second empire. Le chef de l'état fut investi par la constitution impériale du pouvoir de rendre exécutoires les traités de commerce, sans demander la sanction des chambres, pouvoir sommaire dont il est juste de dire qu'il n'en fut usé qu'après qu'on eut essayé vainement d'obtenir la réforme par la voie législative. Après l'exposition universelle de Paris de 1855, le gouvernement présenta un projet de loi pour l'abolition générale des innombrables prohibitions qui déshonoraient notre tarif. L'accueil fait à ce projet par le corps législatif fut si malveillant, si passionné, malgré l'élévation des droits qui auraient remplacé les prohibitions, qu'on dut le retirer; mais l'avis fut donné par le *Moniteur*, le 17 octobre 1856, que la prohibition n'avait plus que cinq ans à vivre. En effet, en janvier 1860, l'empereur, recourant à la faculté suprême qu'il tenait de la constitution, signa avec l'Angleterre le traité de commerce qui ne fut mis en pratique à l'égard des marchandises prohibées qu'en 1861; cependant l'application fut immédiate pour les articles non prohibés, les fers et les charbons par exemple. Fait capital : à cette occasion le gouvernement déclara que la liberté des échanges était la base de sa politique commerciale. Antérieurement l'empereur avait modifié profondément par des décrets provisoires les lois restrictives de la restauration dirigées contre les denrées alimentaires et les matières premières d'origine agricole. Il avait réduit les droits sur les fers de toute sorte.

Si l'on compare ce qu'a pu être le mouvement ascendant de la richesse nationale pendant trois intervalles à peu près égaux entre lesquels se partagent les soixante années écoulées depuis le rétablissement de la paix générale en 1815, à savoir la restauration, le gouvernement de juillet et le second empire, il n'est personne aujourd'hui qui ne reconnaisse que l'accroissement le plus marqué appartient à la troisième époque, et surtout à l'intervalle de dix années qui a le traité de commerce avec l'Angleterre pour point de départ.

Sans la forte impulsion qui avait été imprimée au travail national, à la puissance productive du pays, et par conséquent à sa puissance d'épargne par les traités de commerce et par les mesures sages et libérales dont ils furent accompagnés et suivis, nous eussions été hors d'état de supporter le lourd fardeau légué par la fatale guerre de 1870-71. Depuis ce cruel désastre, la situation de la France a été d'abord très dure et elle reste fort pénible. Les impôts nouveaux sont très onéreux, et l'on est loin encore d'avoir trouvé la solution difficile du problème de la meilleure assiette à leur donner; mais un fait positif et en soi considérable, c'est que la France a résisté à cette rigoureuse épreuve et qu'elle a repris l'allure dégagée et ferme d'une nation encore pleine d'avenir. Qui ne se souvient pourtant que le lendemain de la guerre il était vraisemblable, dans l'opinion de nos amis et encore plus dans celle de nos ennemis, qu'elle était écrasée au point de ne pouvoir plus être en Europe, pour un siècle peut-être, qu'un état de second ordre! Grâce à la liberté relative que les échanges internationaux ont due aux traités de commerce successifs, grâce pareillement à diverses améliorations intelligentes introduites en même temps dans le régime de nos industries, de manière à en rendre l'exercice plus libre, notre puissance productive avait été assez accrue pour que nous eussions pu avant 1870 accumuler des réserves inaccoutumées, et celles-ci ont comblé une bonne partie de nos pertes. Sous la même influence, le travail national a acquis un ressort suffisant pour contrebalancer, dans une forte mesure, l'étreinte des nouveaux impôts.

Ainsi à la question de savoir si l'expérience qui a été faite en France de la liberté commerciale a réussi ou non, la réponse ne pourra être que celle-ci : le succès a dépassé l'attente des promoteurs du traité. Il est vrai qu'on est resté à une grande distance de l'application complète du principe, mais on s'en est constamment rapproché, et à chaque pas qu'on a fait en avant, on n'a eu qu'à se féliciter.

V.

CE QUI S'EST PASSÉ DANS LES AUTRES ÉTATS
DE L'EUROPE N'EST PAS MOINS FAVORABLE A LA LIBERTÉ
DU COMMERCE.

Les autres peuples de l'Europe sont entraînés vers la liberté des échanges internationaux par un courant qui est en raison de leur civilisation, parce qu'il convient de ranger parmi les élémens essentiels de celle-ci l'aptitude au travail et le goût pour les différens modes par lesquels l'industrie humaine dans ses diverses spécialités crée la richesse. On vient de voir ce qui s'est passé chez deux grandes nations, l'Angleterre et la France, et quels fruits elles ont recueillis en retour de leurs efforts. L'Allemagne, non moins éminente qu'elles désormais, est également intéressante à observer. Son gouvernement montre, pour l'extension de la liberté des échanges internationaux, une volonté inébranlable qui est une tradition prussienne. La Prusse, il y a soixante ans déjà et pendant l'époque qui suivit, quand elle n'était encore qu'une puissance intermédiaire entre celles du premier ordre et celles du second, manifestait, en fait de politique commerciale, des tendances libérales alors exceptionnelles en Europe. En ce temps-là, elle se distinguait non-seulement des états du continent, tous entichés de la protection la plus outrée, mais même de l'Angleterre, où les protectionistes faisaient la loi dans les deux chambres du parlement. Quand elle eut formé le *Zollverein* ou union des douanes parmi les nombreux états de l'Allemagne, elle fut contenue dans ses penchans par les préjugés de ses confédérés. Elle fit pourtant adopter un régime fort libéral pour un article des plus importans, qui est à la fois par lui-même un objet fabriqué, et, pour un très grand nombre d'industries, leur matière première : les filés de coton. Le droit de douane, sur cet article si varié, est fixé depuis longtemps en Allemagne à un taux modeste, le même pour tous les degrés de finesse : 15 centimes par kilogramme pour les fils écrus à un ou à deux bouts (1), 30 centimes pour les mêmes fils blanchis ou teints, 45 centimes pour les fils à trois bouts, en quelque état qu'ils soient, écrus, blancs ou teints (2); d'où suit que pour les sortes communes des fils de la première catégorie, le droit est très supportable, et que pour les sortes fines il peut être considéré comme nul. Aujourd'hui que la Prusse exerce sur tous les états d'Allemagne un ascendant dominateur, elle est plus hardie dans ses desseins de libre échange. Elle vient d'en fournir une preuve sans réplique par la mesure qu'elle a fait triompher en Allemagne, au sujet des fers. A partir du 1er janvier prochain, les droits de douanes seront abolis à l'égard des fers bruts de toute espèce, fontes, fers en barres et aciers, et, ce qui est plus frappant encore, des mêmes matières converties en outils dénommés, en pièces de machines et même en machines entières,

(1) Le fil à deux bouts est formé de la réunion de deux fils simples.

(2) Cette troisième variété n'est pas employée pour faire des tissus; c'est du fil à coudre. En réalité, l'importation des filés de cotons étrangers en Allemagne se compose à peu près uniquement des catégories taxées à 15 centimes.

comme des locomotives, des tenders, des wagons. Il y a quelques
mois, les protectionistes ont fait entendre à ce sujet des réclamations vives dans le parlement germanique. La réponse du ministre
des finances, M. Camphausen, a été pour eux plus que découra-
geante. La loi réformatrice est votée, elle sera maintenue; le ministre
a déclaré qu'il déposerait son portefeuille plutôt que de se prêter à
ce qu'elle fût abrogée ou modifiée.

L'empire d'Allemagne est donc présentement, dans le monde, un
des soutiens les plus déclarés de la nouvelle politique commerciale.
L'influence qu'il exerce, à titre de puissance du premier ordre
et très entreprenante, aura immanquablement de remarquables
effets.

On doit signaler aussi comme très affirmatifs en faveur de ce
système progressif plusieurs autres états qui en ont constaté la fécondité par leur propre expérience : tels sont la Belgique, qui, si elle
est peu considérable par le chiffre de sa population, pèse dans le
monde par les habitudes laborieuses de ses habitans, son esprit
d'ordre et d'économie, l'abondance de ses capitaux, l'habileté de ses
chefs d'industrie, de ses ingénieurs et de ses armateurs, et l'étendue de sa production, étendue qui lui assure, dans le commerce
et les échanges internationaux, un rang voisin de celui des grandes
puissances; — la Hollande et la Suisse, qui méritent les mêmes
éloges que la Belgique; — les trois royaumes scandinaves, où la
culture intellectuelle est très avancée, l'amour du travail très dé-
veloppé, et où l'on excelle dans la navigation; nous aurons occasion
de faire remarquer qu'au moins un d'eux, la Suède, s'est essayé
avec succès dans les manufactures.

L'Italie et l'empire d'Autriche sont convertis à la même cause,
par les mêmes motifs, sous quelques réserves qui n'ont rien d'inquiétant, car elles leur sont imposées par leur malaise financier.
Le grand empire de Russie a pour souverain un des hommes les
plus éclairés de son temps, qui, par l'affranchissement des serfs
dans ses vastes états, a donné, autant que qui que ce soit dans le
monde, des gages de sa conviction profonde en faveur de la liberté
du travail. Les hommes d'état russes comptent parmi les plus dis-
tingués et les plus clairvoyans de l'Europe. La Russie vise avec raison à devenir un des principaux greniers du monde civilisé, par
l'exportation des blés, à la production desquels ses immenses plaines
se prêtent admirablement. Quand une nation et un gouvernement

se proposent d'exporter sur les plus grandes proportions, ils ne peuvent qu'être les amis de la liberté du commerce.

La conclusion à tirer de ce qui précède est, ce me semble, que les nations à qui cette grande expérience a si bien réussi doivent la poursuivre, c'est-à-dire rendre de plus en plus libres les échanges internationaux, et, par une réaction naturelle sur elles-mêmes, donner une liberté croissante aux transactions diverses dans leur propre sein. En d'autres termes, le renouvellement des traités, qui va s'accomplir d'une manière générale sur la surface entière de l'Europe, ne saurait avoir pour objet de maintenir tel quel pour les états continentaux ou avec des changemens peu significatifs, l'état actuel des choses sur le continent. Il ne peut s'agir d'une halte dans ce qui n'était qu'un régime provisoire érigé avec hésitation et à tâtons. Le renouvellement des traités doit être l'occasion d'un progrès accompli avec résolution, afin de se rapprocher d'un terme définitif auquel on arriverait aussitôt qu'il serait raisonnablement possible, et qui serait la liberté des échanges pratiquée à peu près comme elle l'est en Angleterre.

VI.

ERREUR DE L'ÉCOLE PROTECTIONISTE
AU SUJET DE L'INFLUENCE
QUE L'IMPORTATION DES PRODUITS ÉTRANGERS EXERCE
SUR LA PRODUCTION NATIONALE.
— FAUTES COMMISES EN FRANCE AU SUJET
DES IMPORTATIONS TEMPORAIRES.

Il y a une autre manière de montrer à quel point le témoignage de l'expérience est prononcé en faveur du régime de la liberté commerciale. Ce serait de prendre les assertions des protectionistes, et de rechercher si elles ont été vérifiées par le fait. Malgré soi, on sera frappé des démentis éclatans que l'expérience a prodigués à ces prétendus axiomes et à ces prédictions promulguées avec assurance.

On se souvient des prophéties sinistres qui furent semées dans le public au moment de la signature du traité de commerce avec l'Angleterre. On a pu voir depuis si ce n'étaient pas de pures imaginations. Les industries qui devaient périr se sont portées à merveille par cette simple raison que, sous l'action du traité, les chefs d'industrie ont fait des efforts qui pour eux étaient des devoirs, et auxquels jusque-là ils s'étaient refusés. L'industrie de Roubaix, par exemple, était, disait-on, vouée à l'anéantissement : jamais Roubaix n'a prospéré autant que depuis le traité. Après les événemens de 1870-1871, le chef de l'état, ayant dit, dans un discours qui était un manifeste, que Roubaix était ruiné du fait du traité, s'attira du maire de la ville une épître qui établissait tout le contraire. Jamais la France n'a fabriqué autant de fer que depuis le traité qui devait être le tombeau de nos forges (1). Le débordement croissant, depuis le traité, de nos exportations en articles manufacturés, est la réfutation absolue de tout ce qu'on avait avancé, au sujet des désastres que devait causer l'application, même fort mitigée, du principe de la liberté des échanges internationaux.

Une des erreurs familières aux protectionistes est de croire que la consommation d'un état en un objet quelconque est limitée à une sorte de quantité fixe, si bien que, si on laisse pénétrer une certaine masse de quelque marchandise que ce soit dans un pays, par cela même la production nationale est forcée de se restreindre, une partie des établissemens doit se fermer et une partie des ouvriers être congédiée. C'est une hypothèse fort hasardée. On pourrait, sans se tromper, soutenir que, dans presque tous les cas, elle est complétement chimérique. Voici en effet ce qui arrive et ce que l'expérience constate : lorsque des marchandises étrangères sont admises dans un pays, à la suite de l'abaissement des droits élevés ou de la suppression de la prohibition, l'industrie nationale, cédant à la nécessité et remplissant enfin son devoir, change son matériel et perfectionne ses procédés. Grâce à ces soins, elle produit à plus bas prix et soutient ainsi le choc de l'étranger. Par la réduction des prix, la consommation augmente, et il y a place sur le marché pour les produits du dedans et pour une certaine quantité de produits du dehors. Si une nouvelle réduction des droits suit la première, le même effet se répète. Le progrès de l'industrie indigène permet bientôt à celle-ci de se livrer, sur de notables proportions, à l'exportation qui jusque-là lui était inconnue. Cette circonstance

(1) En 1860, la France avait produit 532,000 tonnes de fer en barres; en 1869, c'était 904,000. La France a perdu en 1870 la Lorraine, dont la production en fer est considérable : en 1872, elle n'a fait que 754,000 tonnes; aujourd'hui elle a presque atteint la production de 1869.

donne naissance à une production nouvelle, et de plus, en diminuant les frais généraux, elle procure de nouvelles facilités pour tenir tête à l'étranger sur le marché national. Les choses se sont passées exactement comme nous le disons à la suite des remaniemens libéraux qu'a subis le tarif des douanes de l'Angleterre depuis trente ans, et celui de la France depuis quinze. Chez nous, après qu'on eut, en vertu des traités de commerce de 1860 et années suivantes, remplacé par des droits le régime absolument prohibitif existant auparavant sur les tissus de laine pure ou mélangée, il en est entré, de l'étranger en France. A-t-on vu alors diminuer la production de Reims, de Roubaix, d'Elbeuf et des autres villes pratiquant les industries similaires? Pas le moins du monde. Depuis 1860, ces villes ont plus que doublé leur fabrication et fait d'excellentes affaires. Le premier mouvement des Roubaisiens avait été de croire qu'ils seraient dévorés par Bradford : au contraire, ils ont avantageusement placé à Bradford même des masses de leurs tissus. Notre production en articles de coton s'est-elle restreinte? Non; elle a augmenté, et ici se place une observation qui n'est pas sans portée : l'augmentation eût été bien plus forte, si les nouveaux droits sur les filés de coton n'eussent encore été exorbitans. De même, si l'on eût appliqué dans un esprit moins restrictif la disposition légale autorisant les importations temporaires, qui date de 1836, époque où dominaient cependant les idées protectionistes. Elle permet d'introduire en France des matières ayant reçu une certaine façon, à charge de les réexporter en totalité, dans un délai convenu, après leur avoir donné une façon nouvelle. Par là, on peut remédier à la cherté de certains articles de production française à demi faits, qui servent de matière première à d'autres industries; c'est une manière de procurer du travail à nos ateliers sans disputer plus qu'auparavant le marché français aux produits français complétement fabriqués. L'importation temporaire aurait pu être étendue, moyennant quelques précautions, au coton filé, de manière à faciliter la fabrication en France d'articles en coton pour l'exportation; elle ne l'a jamais été, quoique déjà sous la royauté de 1830 des teinturiers de Rouen l'eussent sollicitée. Le gouvernement, de qui il dépend d'accorder les importations temporaires, s'est mal à propos fait une règle d'en être sobre à l'excès, même sous le second empire et après le traité de commerce. En fait d'articles en coton, il ne s'y est prêté que pour les toiles blanches ou écrues destinées à être converties en impressions ou indiennes; cette mesure inoffensive donna lieu pourtant à des réclamations violentes des autres branches de l'industrie cotonnière. Et le gouvernement impérial, vers la fin de son existence, eut la simplicité de prendre au sérieux ces emportemens sans prétexte, au point de supprimer ce genre d'importation temporaire.

La plupart des objets et ouvrages en métal, fer, fonte, cuivre et bronze, étaient, avant les traités de commerce, prohibés, et le reste chargé de droits très lourds. Après les traités, la prohibition ayant disparu et les droits plus ou moins prohibitifs ayant été allégés, il en est entré chez nous une certaine quantité. Nos fabriques d'outils, de machines et autres ouvrages en métal ont-elles chômé pour cela? Pas du tout; elles ont beaucoup plus travaillé. Notre exportation en articles de ce genre est devenue très remarquable (1). Au sujet de cette exportation d'objets en fer, nous devons réitérer la critique qui précède, sur la manière dont on a réglé l'importation temporaire. Elle eût fait des progrès plus grands encore qui, réagissant sur les prix, auraient exercé une heureuse influence sur le placement à l'intérieur, sans les mesures réactionnaires auxquelles se sont laissé entraîner divers ministres à la fin de l'empire.

L'importation temporaire avait permis à des constructeurs intelligens de développer beaucoup la fabrication pour l'étranger d'outils, machines et appareils tels que les ponts en fer. C'était une belle perspective pour nos ateliers de construction, et nos maîtres de forges n'avaient pas à s'en plaindre, puisque les métaux importés étaient réexportés, après transformation, en poids égal (2). Malheureusement en 1868 un décret modifia, dans un sens défavorable à la liberté, les clauses qui réglaient l'importation temporaire des métaux, et en janvier 1870 un autre décret aggrava ces rigueurs

(1) En 1860, l'exportation de la France (commerce spécial) en machines et mécaniques avait été de 7,872 tonnes valant 8,300,000 fr. En 1874, elle a été de 18,916 tonnes valant 26 millions. Notre exportation en fers (fonte, fer en barres et acier) s'est beaucoup développée depuis le traité de commerce. En 1860, elle était de 6,236 tonnes ; en 1874, elle a été de 85,478. En 1872, elle s'était élevée à 156,000.

(2) Il est à remarquer que les outils, machines et ouvrages exportés devant avoir le poids des métaux bruts importés, le constructeur français qui pratiquait l'importation temporaire avait la charge de payer le droit sur le déchet, s'il tirait toutes ses matières de l'étranger, ou d'acheter un complément en matières françaises. Ainsi l'importation temporaire des fers ouvrait dans beaucoup de cas un certain débouché à nos forges.

malencontreuses. C'était une aveugle concession au parti protectioniste, un signe du désordre qui régnait alors dans les esprits. Cette aberration du gouvernement, qui donna lieu à une discussion animée dans le sénat impérial en 1870, a limité des branches de la fabrication et du commerce, qui ne demandaient qu'à s'accroître et qui en avaient le droit (1).

En Angleterre de même, la fabrication des soieries, qui, avonsnous dit, vivait en 1824 à l'ombre de la prohibition et prétendait ne pouvoir vivre autrement, ne fut pas ralentie lorsqu'à la prohibition succédèrent, en 1824, des droits élevés, en 1846 des droits modérés sur les soieries étrangères, et elle a très bien résisté lorsque, en 1860, l'entrée de celles-ci a pu se faire en parfaite exemption de droits.

Le même fait s'est manifesté chez des peuples qui, par la nature de leur terroir et le caractère de leur climat, n'ont eu jusqu'ici que des capitaux restreints. La Suède en offre un remarquable exemple dont le ministre d'Angleterre à Stockholm, M. Erskine, a fait l'exposé dans une dépêche à son gouvernement. Cette dépêche a été imprimée et a fort intéressé le public.

Frappée des résultats que l'industrie cotonnière procurait à l'Angleterre, la Suède avait voulu filer le coton et le tisser, et, selon la mode d'alors, elle avait adopté le régime des droits prohibitifs et de la prohibition même, pour encourager cette industrie naissante. Les droits s'appliquaient aux gros numéros, la prohibition aux numéros fins. Avec tous ces moyens, on ne put atteindre qu'une production annuelle valant 272,000 francs en 1830. On conçut alors quelques doutes sur l'efficacité du système restrictif, et en 1831 la prohibition fut levée. Les filés anglais entrèrent, mais la production nationale ne baissa point. Au contraire, de 1837 à 1841, elle fut en moyenne de 1,920,000 francs. A partir de 1842, les droits furent réduits. Les protectionistes, selon leur usage, annoncèrent que c'en était fait de la filature suédoise. Loin de là, elle se développa. En 1858, le droit étant de 45 centimes par kilogramme, taux modéré pour les numéros fins (chez nous, il y a des sortes qui paient le décuple), la production de la Suède en filés de coton était de 17 millions de francs. En 1865, le droit n'étant

---

(1) La chambre de commerce de Nancy a récemment pris une délibération très remarquable au sujet des importations temporaires.

plus que de 30 centimes, elle fut de 22 millions de francs, soit quatre-vingt-deux fois autant qu'à l'époque où elle jouissait de la prohibition et des droits prohibitifs. La dépêche de M. Erskine mentionne dix ou douze industries de la Suède où, par le même moyen, la substitution d'un tarif libéral à un tarif exagéré ou à la prohibition, on a obtenu des effets analogues. La méthode libérale a déterminé, à côté de l'introduction des produits étrangers, un accroissement considérable de la production nationale, et les manufactures suédoises du même article ont pu exporter avec succès.

<h2 style="text-align:center">VII.</h2>

LE PRINCIPE DE L'ÉGALITÉ DEVANT LA LOI CONDAMNE LE SYSTÈME PROTECTIONISTE. — LA LIBERTÉ DU COMMERCE VIS-A-VIS DE LA RÉPUBLIQUE.

En France aujourd'hui, il y a une forte raison pour insister auprès des pouvoirs de l'état afin qu'ils manifestent sans ambages leur pensée au sujet de la politique commerciale qui convient au pays dans l'occasion solennelle qu'offre le renouvellement des traités. L'intérêt public à sa plus haute puissance les sollicite de se prononcer en faveur de la liberté. Les pertes, sans exemple dans l'histoire, que nous a fait éprouver la guerre de 1870-1871 ne peuvent être réparées, les lourds impôts que nous avons à supporter par-delà ceux que nous payions avant le mois de juillet 1870 et qui déjà étaient pesans, ne peuvent être supportés qu'autant que le travail national ait un redoublement d'activité et de fécondité, puisque c'est le travail de la nation qui crée la richesse des particuliers, et par conséquent les ressources de la société et de l'état. Or, pour que le travail national arrive à son maximum de puissance productive, la liberté des échanges lui est indispensable. Nous croyons l'avoir montré par le double suffrage du raisonnement et de l'expérience.

L'intérêt public est encore engagé dans l'affaire d'une autre façon, du fait de la démocratie, qui aujourd'hui occupe le trône de France. Ce souverain nouveau, ce maître encore inexpérimenté qui se nomme le suffrage universel, a ses exigences, tantôt légitimes, tantôt abusives. Parmi les premières, qu'il importe de reconnaître ouvertement, ne fût-ce que pour écarter les secondes, se range en première ligne la volonté de parvenir graduellement à la propriété et au bien-être par le travail et l'épargne. Une organisation industrielle et commerciale, semblable à celle à laquelle l'Angleterre est arrivée en partant du principe de la liberté des échanges internationaux, est le plus efficace encouragement que puissent recevoir ces vœux ardens de la partie la plus saine, et il faut le proclamer aussi, la plus nombreuse de la démocratie moderne.

Quand on a devant soi un but si utile, si fortement approuvé de la morale et de la grande et sage politique, quand on a, de par la force même des choses, l'obligation de l'atteindre, et qu'on rencontre, comme un tas de broussailles sur son chemin, des erreurs et des bévues comme celles qui composent la doctrine protectioniste, se laisser arrêter par de pareils obstacles serait faire acte d'imprévoyance et de faiblesse.

Sans doute il y a des intérêts engagés qu'il convient de ménager. Il y a des établissemens, quelques-uns considérables, qui ne sont pas encore à la hauteur de leurs émules d'Angleterre, d'Allemagne ou de Suisse. Faut-il, par l'application soudaine du principe de la nouvelle politique commerciale, les obliger du jour au lendemain à cesser leurs opérations? L'objection est sérieuse et mérite d'être prise en considération. Les changemens brusques ont de graves inconvéniens. On enseigne dans la mécanique rationnelle que les chocs déterminent nécessairement une perte de force vive. Ce théorème des mathématiques est aussi bien à sa place dans l'administration des états et la gestion des intérêts de la société; mais devra-t-on conclure de là à l'immobilité des règlemens auxquels sont soumises les opérations de l'industrie et du commerce ou à l'adoption par les pouvoirs de l'état d'allures très lentes, avec lesquelles nous serions certains de rester en arrière des autres peuples dans le développement des ressources de la nation? Si parmi les règlemens existans il en est de manifestement contraires à l'équité, de vexatoires pour un grand nombre d'intérêts respectables, de préjudiciables à l'intérêt général, faudra-t-il les perpétuer ou ne les changer qu'avec une lenteur infinie? S'il est démontré qu'un certain nombre de manufacturiers ne sont arriérés que faute d'être suffisamment stimulés par la concurrence étrangère, sera-ce réellement de la prudence que de maintenir longtemps les dispositions du tarif des douanes qui protégent leur inertie? Si quelques établissemens ne peuvent rester debout qu'autant qu'ils seront soutenus par des redevances, faudra-t-il laisser indéfiniment à la charge de la société ces tributs injustifiables? Érigera-t-on en principe que la société doit des subventions à des manufactures si mal situées que le succès en soit impossible? Ne serait-ce pas reconnaître comme une vérité, au profit d'une catégorie d'établissemens, le sophisme du droit au travail, contre lequel chez nous tous les bons esprits sont unanimes?

Transiger est la meilleure manière de terminer des discussions qui sont vives et dans lesquelles des intérêts importans ou puissans sont en question. Le traité de commerce de 1860 fut une transaction dans laquelle l'esprit d'innovation dut se montrer fort timide, parce qu'on se risquait sur un terrain où la France était inexpérimentée, et où, sauf l'Angleterre, les autres peuples ne fournissaient guère que des indications insuffisantes ou nulles. Aujourd'hui que les faits ont parlé avec force, il y a lieu à une nouvelle transaction sur des bases très différentes de celles de 1860 entre les mêmes parties contractantes, les manufacturiers privilégiés et le public. La seule admissible, c'est d'accorder aux premiers le temps indispensable pour que tout établissement reconnu viable soit porté au point de perfectionnement où il s'accommoderait de la liberté du commerce, ordre de choses salutaire et qu'aucune puissance ne saurait écarter. Faut-il cinq années, en faut-il dix pour franchir la distance qu'il reste à parcourir? Qu'à cela ne tienne; mais il devrait être entendu que, pendant ce laps de temps, nous nous acheminerions par degrés vers un tarif des douanes à peu près calqué sur celui qui régit aujourd'hui les échanges internationaux de l'Angleterre, de sorte qu'à l'expiration des dix années ce tarif nouveau fût en pleine vigueur.

Il ne peut s'agir de temporiser à ce point qu'au lieu d'atteindre le but dans le délai d'une dizaine d'années, on se laisse attarder en ajournant les réformes de grande portée pour n'en faire, par le renouvellement des traités, que d'insignifiantes. Ce serait méconnaître en même temps que l'intérêt général de la société l'intérêt du grand nombre; faute grave de nos jours, sous quelque forme de gouvernement qu'on soit, mais qui prend un nouveau degré de gravité du moment que les institutions politiques consacrent franchement le régime républicain sur la base du suffrage universel.

Il y a là un motif péremptoire pour remplacer par la liberté du commerce, dans un délai qui ne soit pas indéfini et qui soit fixé dès à présent, les dispositions protectionistes qui fourmillent dans notre tarif douanier. L'effet direct et immédiat de la protection prétendue est d'instituer quelque chose qui est infiniment peu républicain, à savoir des redevances au profit de certains groupes de citoyens et à la charge des autres classes, redevances qui se traduisent par de grosses sommes d'argent, indépendamment des entraves que ce régime suscite à la liberté du travail, ce qui est une autre manière de ravir des trésors à la société et de léser l'intérêt légitime du grand nombre, dont le travail est l'unique ressource.

Si par le moyen des droits de douane on enchérit le fer de 50 francs par tonne, et les filés de coton d'une somme double par 100 kilogrammes des numéros fins, c'est bel et bien un impôt que les Français sont contraints de payer aux maîtres de forges et aux filateurs de coton. Une taxe de ce genre est peut-être encore plus difficile à justifier que les redevances établies dans l'ancien régime en faveur de la noblesse féodale, car, en retour, les nobles avaient des obligations particulières qui n'étaient pas sans danger pour eux. Ils se consacraient à servir le roi, ce qui dans ce temps-là signifiait le pays, sur les champs de bataille, et se faisaient bravement tuer s'il le fallait. Or quelles obligations spéciales les maîtres de forges et les filateurs de coton ont-ils contractées de plus que le reste de la nation? Pourquoi le peuple français paierait-il un tribut à ces catégories de producteurs plutôt qu'aux fabricans qui filent, tissent ou teignent la soie, ou qu'aux manufacturiers de Reims, du Cateau et autres lieux, qui ont la spécialité des mérinos et des autres tissus de laine longue? pourquoi plutôt qu'aux producteurs qui nous fournissent le blé, le vin, la viande, plutôt qu'aux hommes très méritans qui font profession de cultiver les sciences, les lettres et les arts ou qu'aux avocats ou aux médecins? De quel droit les innombrables citoyens dont le métier nécessite l'emploi des diverses variétés de fer subiraient-ils à perpétuité les conséquences dommageables d'un enchérissement artificiel des diverses sortes et formes de ce métal? Pareillement, de quel droit les manufacturiers dont les filés de coton sont la matière première, tels que les tisseurs de calicot, de jaconas et d'autres articles analogues, les imprimeurs d'indiennes, les fabricans de mousseline, de tulle et de broderies, seraient-ils indéfiniment les victimes d'un arrangement du même genre? Tous les Français étant égaux devant la loi, tous les producteurs, à quelque industrie qu'ils appartiennent, sont fondés à se réclamer de ce principe d'égalité. Puisqu'on ne veut plus d'aristocratie ni de classes privilégiées, on est tenu de reconnaître que chacun de nous ne doit d'impôt qu'à l'état, à son département ou à sa commune, et non pas à de simples citoyens. Nous espérons donc n'être pas blâmés, et être approuvés au contraire quand nous demandons, sans animosité contre personne et en rendant justice à la sincérité de nos adversaires, la réforme et l'abolition successive des dispositions protectionistes du tarif des douanes, dont le résultat et même l'objet sont de constituer des priviléges et des monopoles pour les uns, des tributs à la charge des autres.

Les Anglais, qui ne sont pas à beaucoup près engagés dans la voie démocratique au même degré que nous, qui ne sont pas en république, et au contraire tiennent infiniment à leurs rois et à leur royauté, les Anglais, qui ont et conservent une noblesse exerçant par droit d'hérédité les fonctions législatives, les Anglais, qui n'ont pas le suffrage universel et ne semblent pas à la veille de le prendre, nous ont donné un grand exemple : ils ont pensé que le régime protectioniste était éminemment attentatoire à l'égalité et à la liberté. En conséquence ils ont aboli, comme des iniquités spécialement offensives pour le grand nombre, tous les arrangemens protectionistes dont naguère leur tarif était rempli. Les Allemands, qui, moins que les Anglais, se sont soustraits à l'influence des traditions féodales, ont compris que l'équité commandait de se rallier à la politique commerciale de la liberté, et ils suivent la même voie que l'Angleterre. Il est bien difficile que la troisième république française ne profite pas de pareils enseignemens, et reste, sur un pareil sujet, en arrière des Anglais, des Allemands et de plusieurs autres peuples de l'Europe.

VIII.

S'IL EST VRAI QUE L'INTÉRÊT DES OUVRIERS JUSTIFIE LES REDEVANCES PAYÉES AUX INDUSTRIES PROTÉGÉES.

Les protectionistes croient justifier leur système de l'accusation que je viens de rappeler, en représentant qu'ils font travailler les peuples. Les sommes que nous recevons, disent-ils, par le moyen de la protection, et qu'on nous reproche, sont la rémunération et la condition même de cet immense service que nous rendons. Ils font le dénombrement des diverses sortes de travail auquel donnent lieu les industries protégées : il y a d'abord les ouvriers occupés directement dans leurs ateliers; il y a ceux qui sont employés indirectement pour les charrois, pour les transports maritimes quand la matière première est exotique, pour la construction et l'entretien des bâtimens et des machines. Un habile filateur de coton, M. Lamer, de Rouen, délégué de la chambre de commerce, et qui défend le protectionisme avec énergie, a tracé le tableau de tous les genres de travail que la France doit à l'industrie dont il est un des chefs. Il est convaincu que par cette énumération, où la terre et la mer apparaissent tour à tour, il a ville gagnée, et que les adversaires de la protection n'ont plus qu'à se taire; mais nous demandons à cet honorable manufacturier la permission de lui dire que son dénombrement ne prouve rien, parce qu'il n'est point accompagné d'un compte satisfaisant par doit et avoir. Au bout de tout ce mouvement, à la suite de la peine que prennent tous ces hommes, quel est donc le bilan de l'affaire? La nécessité alléguée par lui de la protection prouve que de son aveu même ce bilan n'est pas fait pour séduire. Dans le cas des industries qui sont protégées et ne peuvent se passer de l'être, — et suivant M. Lamer c'est le cas pour la filature du coton, — le bilan est négatif, il se résout par un déficit. Finalement l'opération ne fait pas ses frais. Elle aboutirait à la ruine, si le public ne venait au secours par une redevance aux manufacturiers de cette catégorie. Cette redevance est la somme même que les droits protecteurs forcent le public de leur délivrer par-delà ce que leur marchandise vaut sur le marché général, représenté par les établissemens appelés entrepôts. Si le public paie une certaine somme de filés de coton 100 francs par 100 kilogrammes de plus qu'elle ne vaut dans les entrepôts, et si, par suite de l'imperfection de l'industrie de la filature en France, ces 100 francs sont indispensables pour qu'elle se soutienne, tout le travail dans l'énumération duquel se complaît M. Lamer a pour effet de mettre la société française en perte de 100 francs par chaque centaine de kilogrammes qu'elle fabrique de la sorte de filé dont il s'agit. Voilà un résultat dont il n'y a pas lieu de se vanter. Que si la redevance de 100 fr. n'est pas nécessaire pour que cette industrie se tienne sur ses pieds, on conviendra que le fait de la demander pourrait être sévèrement qualifié. Les industries non protégées, au contraire, vivent d'elles-mêmes. Leur bilan vis-à-vis du pays est positif au lieu d'être négatif. Elles favorisent la création d'un nouvel approvisionnement de capitaux, ce qui permet de développer le travail et d'en accroître la puissance productive. Les autres, par le subside qu'elles dévorent, restreignent ou ralentissent la création de nouveaux capitaux et empêchent les conséquences heureuses qu'elle ne manquerait pas d'avoir.

Il est possible de démontrer aux protectionistes par une comparaison simple combien peu est concluante l'argumentation dont ils font si grand état et que nous retrouvons dans la bouche du manufacturier rouennais nommé plus haut. S'il suffisait qu'une industrie protégée donnât lieu à beaucoup de travail pour qu'elle fût recommandable et que la société fît une opération raisonnable et avantageuse, en payant à ceux qui la pratiquent, sous la pression d'un tarif de douanes protectioniste, une subvention plus ou moins considérable, voici ce qui s'ensuivrait : il serait convenable, que dis-je, profitable à la société, qu'il s'érigeât des établissemens où l'on cultiverait le café en serre chaude, sauf à frapper d'un gros droit le café des régions équinoxiales, de manière à l'écarter. Que de travail en effet pour construire les serres immenses que réclamerait la récolte de café nécessaire à la France ! Quelle production de fer, de verre à vitres, de calorifères ! Combien de jardiniers et de chauffeurs occupés à la culture courante ! Combien de mineurs de plus dans les houillères pour l'extraction du charbon réclamé pour le chauffage de ces serres colossales ! — Une telle entreprise, direz-vous, serait absurde. Oui, sans doute; mais pourquoi ? Parce que le café, ainsi produit, reviendrait à un prix plus élevé que celui des colonies. Mais si l'élévation du prix de revient est une objection invincible contre l'organisation de la culture du café en serre chaude, elle l'est également contre des manufactures qui ne pourraient subsister qu'à l'aide de la protection. Elle renverse le principe protectioniste même.

Ce que nous disons ici n'est pas une nouveauté, d'autres l'ont dit avant nous, il y a longtemps. On lit dans Turgot : « La valeur vénale de toute denrée, tous frais déduits, est la seule règle pour juger de l'avantage que retire l'état d'une certaine espèce de productions. Par conséquent, toute manufacture dont la valeur vénale ne dédommage pas avec profit des frais qu'elle exige n'est d'aucun avantage, et les sommes employées à la soutenir malgré le cours naturel du commerce sont des impôts mis sur la nation en pure perte. » J.-B. Say a exprimé la même pensée avec une heureuse concision quand il a dit : « Fabriquer n'est pas produire. »

Mais, reprennent les protectionistes, si les droits protecteurs étaient supprimés, les industries protégées ne pourraient subsister, et alors la masse entière des ouvriers de ces industries serait réduite à la mendicité et tomberait à la charge de la société. Nous répliquerons que, à ce compte, la protection agirait à la façon d'une taxe des pauvres, et celle-ci existerait non-seulement dans l'intérêt des classes ouvrières, mais aussi dans l'intérêt des manufacturiers, ce qui placerait ces derniers dans une position peu flatteuse. Ils ont l'âme trop élevée pour accepter rien de pareil. Sans insister sur ce point, arrêtons-nous seulement sur cette assertion que, sans la protection, les industries protégées succomberaient et les ateliers se fermeraient. Elle est toute gratuite. En fait, l'expérience l'a démentie cent fois pour une, et nous en avons cité quelques exemples qu'il serait aisé de multiplier indéfiniment. Le fait est que, dans la grande majorité des cas, les industries protégées peuvent être amenées à se passer de protection et à réaliser, dans cette position nouvelle, les mêmes profits qu'auparavant, pourvu qu'on leur donne quelque temps pour se perfectionner et qu'on rende le perfectionnement obligatoire en leur faisant sentir l'aiguillon de la concurrence étrangère.

Quant aux ouvriers, nous avons rapporté quelques-unes des raisons pour lesquelles la liberté du commerce doit leur être profitable. Et l'expérience dit-elle que dans les pays où l'on a introduit en totalité ou en partie la pratique de la liberté du commerce ils en soient devenus plus malheureux? L'ouvrier anglais de 1876 a-t-il moins de bien-être que celui de 1840, ou en a-t-il davantage? L'ouvrier français a-t-il pâti dans les années qui ont suivi 1860 plus qu'auparavant ou moins? L'ouvrier belge, l'ouvrier suisse, ont-ils à se plaindre d'habiter des pays où le législateur est converti à la liberté du commerce, ou ont-ils à s'en applaudir? Partout l'adoption partielle ou entière de la liberté des échanges internationaux a été un bienfait pour l'ouvrier.

D'ailleurs, on est fondé à soutenir que de toutes les classes de la société celle des ouvriers est plus intéressée à l'extension des libertés publiques, et parmi celles-ci la liberté du travail ne le cède à aucune autre, dès qu'il s'agit de la prospérité des peuples ou de la puissance des états.

S'il y a des industries qui, quelque effort qu'en fassent les chefs, quelque intelligence qu'ils déploient, ne puissent se soutenir, il est pénible de le dire, la seule faveur qu'elles soient fondées à demander, c'est du temps pour liquider. Il arrive en tout pays et en tout temps que des établissemens naguère bien situés et florissans perdent leurs avantages parce que d'autres ont rencontré des circonstances ou des localités plus favorables, et alors ils recourent à cette triste ressource de la liquidation, heureux quand ils ont du temps devant eux pour y procéder aux moindres frais. On plaint les familles qui y avaient placé leur avoir; mais personne n'a érigé en principe que la société leur dût un subside à perpétuité pour les tenir en activité : aucun état ne serait assez riche pour subvenir à de tels sacrifices, qui iraient toujours croissant par la force des choses. Les manufactures, en nombre extrêmement restreint, qui seraient dans l'impossibilité d'exister, à moins d'une subvention résultant d'un droit protecteur inscrit à jamais au tarif des douanes, se trouveraient exactement dans le même cas et devraient se résigner au même sort par la même raison.

Quant à la filature du coton en particulier, elle est loin d'être réduite à une pareille extrémité. Il n'y a aucune raison pour qu'en France elle ne livre pas ses produits à très peu près au même prix qu'en Angleterre. Le climat, tout au moins de la Normandie et de nos départemens du nord, c'est-à-dire des parties de la France où cette industrie a son siége, est le même que celui de l'Angleterre. La matière première est au même prix, les hommes se valent; le charbon est à meilleur marché en Angleterre, et les métiers coûtent moins; mais en France les salaires sont moindres, et la journée de travail est plus longue, ce qui fait plus que la compensation. Tout recommande d'ailleurs que d'ici à peu de temps les outils, métiers et machines soient affranchis de droit. C'est de gaîté de cœur retarder le perfectionnement de l'industrie que de soumettre à des droits des objets de ce genre. En Allemagne et en Suisse, les droits de douane sur les filés de coton sont très faibles, et pour beaucoup de sortes à peu près nuls, auprès de ceux qui existent en France : 15 centimes, avons-nous dit, par kilogramme en Allemagne pour les variétés qui composent la presque totalité de l'importation, et qui comprennent les fils simples et doubles, les plus fins aussi bien que les plus gros, pourvu qu'ils soient écrus, alors que chez nous ils vont pour les mêmes sortes jusqu'à vingt-six fois autant. En Suisse, ils sont aussi très modérés. Les Allemands et les Suisses étant ainsi à peu près au niveau des Anglais, il n'y a pas de motif pour que nous ne soyons pas de même, si nous le voulons bien.

Il se passe présentement à cet égard un fait qui nous paraît trancher la question. Par l'effet de la fatale guerre de 1870-71, l'Alsace a été incorporée à l'Allemagne et soumise au régime des douanes allemandes. L'industrie cotonnière était et est demeurée la principale de cette province. Ses filatures, qui étaient nombreuses, sont passées du tarif ultra-protecteur de la France au tarif très peu protecteur des Allemands; elles supportent très bien le changement de régime, et ce qui le prouve, c'est qu'à ce moment de nouvelles filatures s'érigent en Alsace et d'autres s'y agrandissent. Il est bien difficile de croire que, si les filatures de la Normandie et de la Flandre, qui en 1870 allaient de pair avec celles de l'Alsace, étaient placées, par l'abaissement de nos droits sur les filés, dans les mêmes conditions que celles-ci, elles ne se tireraient pas aussi bien d'affaire.

CONCLUSION.

Tout nous amène donc à cette conclusion, que le régime protectioniste, condamné par les principes de la science et par ceux de la politique, et non moins réprouvé par l'expérience, ne peut plus subsister chez nous que par tolérance. Celle-ci, coûtant cher, ne saurait plus durer longtemps sans engager gravement la responsabilité des pouvoirs publics. Il y a lieu dès à présent d'y assigner un terme. Bien des fois plusieurs des plus importantes parmi les industries protégées ont déclaré, dans les enquêtes sur le régime commercial, qu'il ne leur fallait plus qu'un nombre d'années limité, cinq ans, dix ans au plus, pour être en état de lutter contre la concurrence étrangère. Pourquoi ne pas leur appliquer cette règle posée ou admise par elles-mêmes? Avons-nous quelque intérêt à nous attarder dans le recouvrement des pertes que nous ont infligées les néfastes événemens de 1870-71? En avons-nous quelqu'un à ce que le développement de la richesse soit plus difficile et plus lent chez nous que chez nos rivaux? Ou bien trouve-t-on que le contri-

buable français n'est pas assez chargé par les impôts qu'il paie à
l'état, au département et à la commune, et juge-t-on utile et politique d'éterniser d'autres contributions qui le grèvent et qui sont
repoussées par le droit public moderne?

A cette occasion, et à l'appui de ce que nous disons de la conve-
nance de faire disparaître, dans le délai d'une dizaine d'années,
les taxes résultant du système protectioniste, nous reproduirons ici
un passage, rappelé dernièrement par M. Amé dans sa belle et
bonne publication sur les douanes, d'un exposé des motifs signé
de M. Thiers, aujourd'hui l'oracle des protectionistes, à une époque
qui n'est pas celle où il y a eu le moins de lustre autour de son
nom, en 1834. C'est la condamnation sans réserve de la prolonga-
tion indéfinie du système dit protecteur :

« Employé comme représailles, disait-il, le système restrictif est
funeste; comme faveur, il est abusif; comme encouragement à une
industrie exotique qui n'est pas importable, il est impuissant et
inutile. Employé pour protéger un produit qui a chance de réussir,
il est bon, mais il est bon temporairement; il doit finir quand l'éducation de l'industrie est finie, quand elle est adulte. » Qui voudrait
soutenir que dans un délai de dix ans l'éducation de toutes celles
de nos industries qui ont de la force vitale ne sera pas finie?

Espérons que l'autorité de M. Thiers, qui sans doute ne désavoue-
rait pas aujourd'hui ses paroles de 1834, ramènera les protectionistes et leur fera comprendre que la seule issue à la situation présente est de se rallier à la fixation d'un délai après lequel la France
aurait un tarif tel que celui que nous venons de définir. Il est vraisemblable que toute l'Europe à peu près, si la France en donnait
le signal, accepterait cette proposition. Les dix années, en suppo-
sant que ce fût le terme adopté, seraient consacrées à des améliorations de nature à rendre l'exercice des diverses industries plus
facile et plus fructueux. Ces améliorations porteraient principale-
ment sur les divers moyens de communication, en y comprenant
les ports jusqu'ici trop négligés, sur les institutions de crédit et
les écoles de toute espèce.

Les chefs du parti républicain n'ont pas besoin qu'on leur fasse
remarquer que ce qu'il y a de mieux pour fonder la république est
de lui donner le mérite d'un nouvel état de choses plus favorable au
développement de la prospérité générale que tout ce qui a précédé
depuis soixante ans. Et ce nouvel état des choses ne peut être que

celui où la liberté du commerce sera successivement portée à sa plénitude. Sous cette figure, la liberté ne saurait les effrayer, elle ne peut que leur plaire. Ceux qui pensent que le moyen d'enraciner la république dans le sol français consiste à légiférer sur les maires et à faire un branle-bas dans les préfectures et les sous-préfectures, sont dupe d'un mirage dangereux. On ne fera pas de nouveaux partisans à la république par la nouvelle loi sur les maires; il y a plutôt à parier qu'on lui en fera perdre un certain nombre. On ne lui en a pas acquis un seul par la danse macabre des préfets et sous-préfets. On en aura fait des millions au bout de quelques années, si l'on a assez de force et de mesure, de résolution et d'esprit de conduite pour opérer la réforme complète de la politique commerciale de la France.

Nous sommes loin de prétendre que cette réforme soit une panacée qui guérirait la France de tous ses maux, et spécialement du plus inquiétant, l'incertitude de l'avenir. Nous ne disons pas qu'elle suffirait à convertir à la république, dès aujourd'hui, les hommes au gré desquels la société est moins à la merci des hasards et plus ferme sur sa base quand elle est sous les auspices de la monarchie constitutionnelle. Cependant après un peu de temps, la réforme commerciale, exécutée avec un juste mélange de fermeté et de modération, ferait entrer dans l'esprit de ces hommes, parmi lesquels il y en a tant de considérables, l'opinion par eux repoussée jusqu'à ce jour : que la république n'est pas impuissante par nature, excepté pour démolir et renverser; qu'elle peut être un grand gouvernement menant à bonne fin par des voies régulières de vastes et fécondes entreprises intérieures.

TABLE

PARIS. — Impr. J. CLAYE. — A. QUANTIN et Cⁱᵉ, rue Saint-Benoît. — [1171]

9 782329 665375